AF286341

Liebe Floristinnen, liebe Floristen,

der Frühling ist da und endlich erwacht die Natur wieder zu neuem Leben – von den ersten zarten Narzissen, die jetzt auch in unserer Serienfloristik zum Einsatz kommen, bis hin zu üppigen Blühern, die in locker-leichten Sträußen, wie frisch aus dem Garten gepflückt, Lust auf die neue Jahreszeit machen! Neben Sträußen sind aber auch Wand- und Türkränze ein wahrer Dauerbrenner im Blumenfachgeschäft. Unsere lange haltbaren Werkstücke mit getrockneten Floralien kommen bei den KundInnen garantiert gut an. Und natürlich steht in der Floristik bereits die Vorbereitung auf Ostern an – ist es doch ein Fest, das besonders durch Blumen und Pflanzen geprägt ist. Da kommen unsere floralen Geschenke rund um das Thema Osterei doch gerade recht. Anregungen zu Pflanzungen und Warenpräsentation gibt außerdem das Verkaufskonzept von Landgard zum Motto „Volle Möhre Ostern" – lasst Euch inspirieren!

Wir wünschen Euch ein erfolgreiches Frühlings- und Ostergeschäft.

Laura Marx, Michael Sutmöller
und das PRAXIS-Team

 facebook.com/blooms.pro
 pinterest.com/bloomsmedien
 instagram.com/blooms_medien

Hinweise

[!] Tipps, Anmerkung und/oder zu beachtende Fakten

[»] Informationen zu den Herstellungsschritten

[1] Nummerierung in Verbindung mit Bild und Text

Alle Angaben beziehen sich, wenn nicht anders angegeben, auf ein Werkstück.

Die Fertigungszeiten orientieren sich, außer bei Einzelwerkstücken wie Brautstrauß und Kranz, an der Serienfertigung. Kundenberatungszeiten sind nicht enthalten.

Weil die Fotoproduktionen in der Regel wenige Wochen vor Erscheinen jeder Ausgabe liegen, ist nicht immer die zur Saison gehörende Frischware erhältlich.
In diesen Fällen greifen wir auf Textilblumen, Kunststofffrüchte etc. zurück, ohne jedoch die gestalterische Wirkung und die für Frischblumen notwendige Technik zu verändern.

Inhaltsverzeichnis

Rustikal und frisch:
BIRKENREISERFRÜHLING

Mit seinen zarten, biegsamen Zweigen bildet Birkenreisig eine perfekte Basis für frische Frühlingsblumen. Diese Kombination schafft nicht nur einen natürlichen und rustikalen Look, sondern bringt auch die Leichtigkeit und Frische der Frühlingszeit zum Ausdruck.

Anemone coronaria · Betula pendula · Hyacinthus orientalis · Muscari armeniacum · Thlaspi arvense · Tulipa Cultivar

Schnur · Glas · Wickeldraht (BUCO) · Gummiband

Zeit 8 min · **Höhe** 36 cm · **Durchmesser** 20 cm

Ausgabe 122 · März | April 2025

praxis »

Profitable Floristikideen für das Tagesgeschäft

Mehr als
50
Ideen für
Floristen!

Dauerhafte Kränze für Wand und Tür

Neues Verkaufskonzept: „Volle Möhre Ostern"

Ikebana-inspiriert: Gestecke für Geschäftsräume

ACH DU DICKES EI

€ (D) 19,50

ISBN 978-3-96563-138-0

BLOOM's PROFESSIONAL

Ei, Ei, Ei – Blumige Ostergeschenke

Hersteller

ASA Selection
asa-selection.com

Bloomingville
bloomingville.com/de

BLOOM's
shop.blooms.de

BUCO
buco-wire.com

D&M
dmdepot.be

DutZ Collection
dutz-collection.de

Freese
heinr-freese.de

Freifrau
freifrau.com/de

Goldina – Da Vinci artfleur®
goldina.de

Landgard
landgard.de

Malus Fine Arts
instagram.com/malus_fine_arts

OASIS® Floral Products
oasisfloral.de

Oohh Lübech Living
one.world

Solpuri
solpuri.com

STYLIT von Lehner Wolle
lehner-stylit.com

WMG
wohnmanufactur.com

In eigener Sache: Aufgrund von steigenden Preisen müssen wir leider ab Ausgabe 2/2025 den Einzelheftpreis von Praxis auf 19,50 Euro* zzgl. Versandkosten (D) erhöhen. Das Jahresabo mit 6 Ausgaben wird ab der Ausgabe 2/2025 99,50 Euro* plus 6 Euro Versandkostenanteil (D) kosten, also pro Heft zum Vorteilspreis von nur 16,58 Euro* zzgl. 6 Euro Versandkostenbeteiligung pro Jahr.
Das Abo bleibt also deutlich günstiger und Ihr verpasst keine Ausgabe.

*Auslandspreise auf Anfrage

Impressum

Herausgeber
BLOOM's GmbH
Halskestraße 46
D-40880 Ratingen

Tel.: 02102 9644-0
Fax: 02102 896073

Kostenfreie Hotline:
0800 0 256667
(innerhalb Deutschlands)

E-Mail: info@blooms.de
Website: blooms.de

Redaktion
Laura Marx, Ronja Henke, botanische Listungen: Anja Hellner, Sabrina Schönheit

Floristik-Konzeption
Michael Sutmöller

Floristische Umsetzung
Dorothea Hamm, Doreen Neumann, Sabrina Schönheit, Michael Sutmöller

Grafik | DTP
Claudia Hurtienne, Gordian Jenal

Fotos
BLOOM's GmbH: Dorian Eder, Thomas Giesbrecht, Stephan Pietzka

ISBN 978-3-96563-138-0

Bezugspreise Jahresabo
6 Ausgaben
Deutschland: 105,50 €
inkl. Versand inkl. MwSt.
Österreich: 120,56 €
inkl. Versand exkl. MwSt.
Schweiz: 149,00 SFR
inkl. Versand inkl. MwSt.

Einzelausgabe
Deutschland: 19,50 €
zzgl. Versand inkl. MwSt.
Österreich: 19,16 €
zzgl. Versand exkl. MwSt.
Schweiz: 25,50 SFR
zzgl. Versand inkl. MwSt.

PRAXIS erscheint 6 x im Jahr.

Ausgabe Nr. 122
März | April 2025
20. Jahrgang
Das Magazin und alle in ihm enthaltenen Beiträge und Abbildungen sind urheberrechtlich geschützt. Eine Verwertung ohne Einwilligung der Redaktion ist strafbar.

Zeitungskennzeichen
66927

BLOOM's
CONTENT CREATION FÜR FLORALEN LIFESTYLE

5 SCHRITTE ZUR FRISCHE
für ein langes Blumenleben

① HYGIENE

FloraLife® Cleaner

② ENERGIESCHUB

FloraLife® Quick Dip

③ NÄHRSTOFFE

FloraLife® Express ULTRA 200

④ FINISHING

FloraLife® Finishing Touch / FloraLife® LeafShine Silicone Free

⑤ BLUMENPFLEGE FÜR DIE VASE

FloraLife® Express 300

FloraLife
Experts in Flower Care

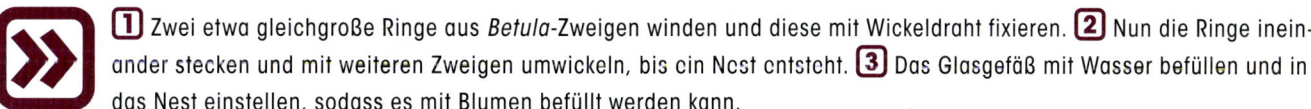

Betula pendula · Hedera helix · Thlaspi arvense · Tulipa Cultivar · Tulpenzwiebeln
Glasgefäß · Wickeldraht (BUCO)
Zeit 12 min · **Höhe** 28 cm · **Durchmesser** 18 cm

»» **1** Zwei etwa gleichgroße Ringe aus *Betula*-Zweigen winden und diese mit Wickeldraht fixieren. **2** Nun die Ringe ineinander stecken und mit weiteren Zweigen umwickeln, bis cin Ncst cntstcht. **3** Das Glasgefäß mit Wasser befüllen und in das Nest einstellen, sodass es mit Blumen befüllt werden kann.

Anemone coronaria · Betula pendula · Daucus carota · Hedera helix · Hyacinthus orientalis · Ranunculus asiaticus · Thlaspi arvense · Tulipa Cultivars · Moos · Tulpenzwiebeln

Schnur · Gefäß · Wickeldraht (BUCO)

Maschendraht, Anchor Tape (beides OASIS® Floral Products)

Zeit 25 min · **Höhe** 46 cm · **Breite** 40 cm

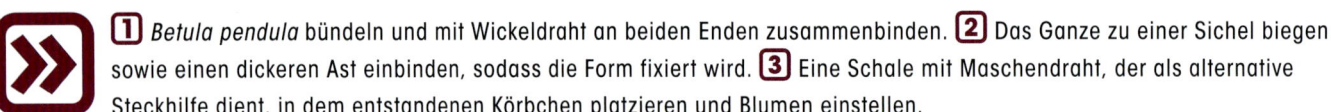

⟫ **1** *Betula pendula* bündeln und mit Wickeldraht an beiden Enden zusammenbinden. **2** Das Ganze zu einer Sichel biegen sowie einen dickeren Ast einbinden, sodass die Form fixiert wird. **3** Eine Schale mit Maschendraht, der als alternative Steckhilfe dient, in dem entstandenen Körbchen platzieren und Blumen einstellen.

Anemone coronaria · Betula pendula · Daucus carota · Hedera helix · Hyacinthus orientalis · Matthiola incana · Ranunculus asiaticus · Thlaspi arvense · Tulipa Cultivars

Glas · Wickeldraht, Rebdraht (beides BUCO)

Zeit 30 min · **Höhe** 52 cm · **Durchmesser** 35 cm

» [1] *Betula pendula* mit Wickeldraht zu einer langen Schlange wickeln. [2] Diese in Aufbautechnik zu einem Gefäß aufeinanderlegen und mithilfe von Rebdraht fixieren. [3] Glasgefäß einstellen, mit Wasser füllen und Blumen einstellen.

Betula pendula · Hedera helix · Muscari armeniacum · Ranunculus asiaticus · Thlaspi arvense · Tulipa Cultivar

Schnur · Wickeldraht · Glasröhrchen · Schwanenhalsflasche

Zeit 15 min · **Tiefe** 15 cm · **Durchmesser** 26 cm

» **1** Wickeldraht um die Glasröhrchen binden. **2** *Betula pendula* zu einem Kranz zusammennehmen und mit Draht fixieren. Anschließend die Glasröhrchen zwischen den Zweigen befestigen. **3** Mithilfe einer Schwanenhalsflasche die Glasröhrchen mit Wasser befüllen und Floralien einstellen.

Anemone coronaria · Betula pendula ·
Ranunculus asiaticus · Thlaspi arvense ·
Tulipa Cultivars

Glasröhrchen · Schnur · Wickeldraht
(BUCO)

Zeit 8 min · Höhe 28 cm ·
Durchmesser 12 cm

Anemone coronaria · Betula pendula · Hyacinthus orientalis · Ranunculus asiaticus · Salix caprea · Tulipa Cultivars · Tulpenzwiebeln

Glasgefäß · Wickeldraht (BUCO)

Zeit 30 min · **Höhe** 38 cm · **Durchmesser** 38 cm

 ① Den Wickeldraht abspulen und zusammenknautschen. ② Dann um ein Glasgefäß wickeln. ③ *Betula pendula* kreuz und quer in das Drahtgeflecht einstecken. ④ Das Gefäß mit Wasser füllen und Floralien einstellen.

Betula pendula · Hedera helix · Hyacinthus orientalis · Thlaspi arvense
Gefäß (WMG) · Wickeldraht (BUCO)
Zeit 10 min · **Höhe** 45 cm · **Durchmesser** 35 cm

EI, EI, EI
Blumige Ostergeschenke

Ostern steht vor der Tür und da sind blumige Mitbringsel bei den KundInnen besonders gefragt. Mit frischen Frühlingsblumen und den passenden Unterlagen von Smithers-Oasis lassen sich österliche Geschenke im Handumdrehen anfertigen. Passend zum Anlass werden die Blumengestecke in Eiform, mit Eierschalen oder selbst kreierten Ei-Motiven gestaltet.

Acacia dealbata · Allium neapolitanum · Narcissus Cultivar · Ranunculus asiaticus · Thlaspi/Lepidium 'Green Bell' · Tulipa Cultivar · Heu · Zweige

Zierdraht · Wachteleier · Feder · Teller · Schnur · Geschenkanhänger

OASIS® NatureSource™ Kugel, Pini KL Pinholder, PROFIX Heißklebesticks (OASIS® Floral Products)

Zeit 18 min · **Höhe** 28 cm · **Durchmesser** 20 cm

Dekorationselement im Bild: Tasse (Bloomingville)

FROHE OSTERN

*Acacia dealbata · Allium neapolitanum ·
Narcissus Cultivar · Ranunculus asiaticus ·
Thlaspi/Lepidium 'Green Bell' · Tulipa
Cultivar · Heu · Zweige*

Schnur · Geschenkanhänger · Nähgarn

OASIS® NatureSource™ Ziegel, OASIS®
BIOLIT® Schale, OASIS® Aqua Colour Spray,
Maschendraht für Floristen (OASIS® Floral
Products)

Zeit 18 min · **Höhe** 40 cm ·
Breite 22 cm · **Tiefe** 14 cm

Dekorationselemente im Bild:
Tasse (Bloomingville) · grünes Geschirr
(ASA Selection)

1 BIOLIT-Schale mit Farbspray kolorieren und trocknen lassen. 2 Maschendraht zu einem Ei formen und mittels Nähgarn
mit Heu umwickeln. Den Vorgang wiederholen, sodass zwei Eiformen entstehen. 3 Beide Formen in die BIOLIT-Schale
setzen und die gewässerte Steckmasse dazwischen einklemmen. Mit Schnur fixieren. Abschließend Floralien einarbeiten
und den Geschenkanhänger anbringen.

Acacia dealbata · Dianthus caryophyllus · Eustoma grandiflorum · Helleborus orientalis 'Magnificent Bells' · Limonium latifolium · Ranunculus asiaticus · Thlaspi/Lepidium 'Green Bell' · Viola cornuta · Heu · Zweige

Gänseeier · Zierdraht · Tablett

OASIS® BLACK IDEAL Design Ring, Steckdraht lackiert (OASIS® Floral Products)

Zeit 20 min · **Höhe** 15 cm · **Durchmesser** 38 cm

Dekorationselemente im Bild: grünes Geschirr (ASA Selection) · Kerzenhalter (Bloomingville)

➤➤ 1 Mittels Draht einen Strang aus Heu wickeln. 2 Diesen um den gewässerten Frischblumen-steckschaum-Ring legen und mit Steckdraht befestigen. Floralien einarbeiten und Eier in die Mitte legen.

*Acacia dealbata · Allium neapolitanum ·
Ranunculus asiaticus · Ranunculus 'Butterfly' ·
Thlaspi/Lepidium 'Green Bell' · Tulipa Cultivar ·
Heu · Zweige*

Gänseeier · Wachteleier · Federn · Zierdraht ·
Schnur · Geschenkanhänger · Band (Goldina –
Da Vinci artfleur®) · Frischhaltefolie

OASIS® NatureSource™ Crea Kreis, PROFIX
Heißklebesticks (OASIS® Floral Products)

Zeit 18 min · **Tiefe** 15 cm ·
Durchmesser 32 cm

Dekorationselement im Bild:
Vase (ASA Selection)

1 Ein Loch zur Aufhängung in die Steckunterlage bohren. Steckmasse wässern. 2 Anschließend wird diese mit Folie umwickelt, dabei die gerade Kante zum Stecken freilassen. 3 Die Folie mittels Draht mit einer Umwicklung aus Heu kaschieren. Dann die Floralien einarbeiten und die Eier sowie Federn festkleben. Zum Schluss Band und Anhänger anbringen.

⟫ Geschenkefloristik

Acacia dealbata · Betula pendula · Hyacinthus orientalis · Narcissus Cultivar · Ranunculus asiaticus · Salix caprea · Thlaspi/Lepidium 'Green Bell' · Tulipa Cultivar · trockene Gräser · Zweige

Federn · Wachteleier · Gänseeier · Geschenkanhänger

OASIS® NatureSource™ Schale, Technischer Wickeldraht (OASIS® Floral Products)

Zeit 30 min · **Höhe** 46 cm · **Durchmesser** 30 cm

Dekorationselement im Bild: Sofa (Freifrau)

⟫ **1** Ein Grundgerüst aus stabilen *Betula*-Zweigen biegen und mit Draht fixieren. Dieses mit dünneren Zweigen durchweben, sodass ein Nest entsteht. **2** Steckmasse wässern und samt Schale mittig im Nest platzieren. **3** Floralien sowie Eier einarbeiten und den Geschenkanhänger anbringen.

Acacia dealbata · Allium neapolitanum · Hyacinthus orientalis · Limonium latifolium · Ranunculus asiaticus · Thlaspi/Lepidium 'Green Bell' · Tulipa Cultivar · Heu

Schnur · Geschenkanhänger · Gänseeier · Federn · Teller · Zierdraht

OASIS® NatureSource™ Zylinder, Pini KL Pinholder (OASIS® Floral Products)

Zeit 15 min · **Höhe** 28 cm · **Durchmesser** 20 cm

Dekorationselemente im Bild: Kerzenhalter (Bloomingville) · Geschirr (ASA Selection)

1 Steckunterlage wässern und mittels Draht mit Heu umwickeln. Nun den Nature-Source™ Zylinder mihilfe eines Pinholders auf dem Teller fixieren. **2** Floralien sowie Federn einarbeiten und Gänseeier mittels Pinholder in der Steckmasse verankern. Zum Schluss den Geschenkanhänger mit Schnur anbringen.

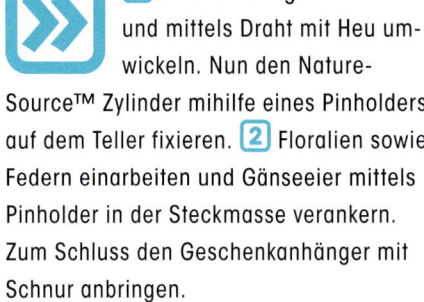

» **Zu den Produkten von Smithers-Oasis siehe Seite 70–71.**

Traumschöne NARZISSE

Sie ist der florale Star des Frühlings! Denn egal ob klassisch in leuchtendem Gelb oder dezent in zartem Weiß – die Narzisse zieht immer die Blicke auf sich. Natürliche Nester, Topfummantelungen und Manschetten setzen sie passend in Szene und lassen sich im Handumdrehen seriell anfertigen.

Humulus lupulus · *Narcissus* Cultivar · *Narcissus* 'Tête Bouclé' · *Narcissus* 'Tête-à-Tête' · *Salix caprea* · Moos · Zwiebeln

Holzstamm · Tontopf · Wickeldraht (BUCO) · Schraube · Unterlegscheibe

Zeit 20 min · **Höhe** 45 cm · **Durchmesser** 23 cm

1 Aus Ranken mithilfe von Wickeldraht eine Kugel formen, dabei Platz für den Tontopf lassen. **2** Den Tontopf mittig einsetzen. **3** Dann diesen mit Schraube und Unterlegscheibe auf dem Holzstamm festschrauben. Alternativ kann das Nest auch auf einem Teller platziert werden. *Narcissus* einpflanzen und Moos sowie Zwiebeln ergänzen.

Narcissus 'Bridal Crown' · *Vaccinium myrtillus* · Moos · Zweige
Schnur · Untersetzer · Wickeldraht (BUCO)
Zeit 10 min · **Höhe** 50 cm · **Durchmesser** 18 cm

Wickeldraht hält Zweige sowie Moos an Ort und Stelle und
darf ruhig sichtbar bleiben. Eine zusätzliche Umwicklung
mit Naturkordel ist ein dezenter Hingucker.

Narcissus 'Tête-à-Tête' · Vaccinium myrtillus · Moos · Zwiebeln

Tontopf · Wickeldraht (BUCO)

Strohrömer (OASIS® Floral Products)

Zeit 20 min · **Höhe** 38 cm · **Durchmesser** 30 cm

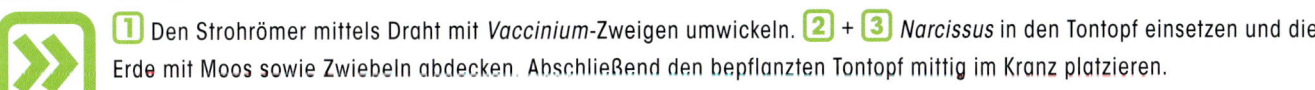

>> ① Den Strohrömer mittels Draht mit *Vaccinium*-Zweigen umwickeln. ② + ③ *Narcissus* in den Tontopf einsetzen und die Erde mit Moos sowie Zwiebeln abdecken. Abschließend den bepflanzten Tontopf mittig im Kranz platzieren.

Narcissus 'Tête-à-Tête' · Zweige · Laub · Moos · Zwiebeln
Baumstammscheibe · Drahtkorb (BLOOM's Shop) · Wickeldraht (BUCO)
Zeit 20 min · **Höhe** 40 cm · **Breite** 30 cm · **Tiefe** 30 cm

Narcissus 'Tête Bouclé' · *Narcissus* 'Tête-à-Tête' · Zweige · Moos
Geschenkanhänger (Malus Fine Arts) · Untersetzer · Wickeldraht (BUCO)
Zeit 20 min · **Höhe** 50 cm · **Durchmesser** 21 cm

>> **1** Zweige in Stücke schneiden und mithilfe von Wickeldraht miteinander verbinden, sodass eine Matte entsteht. **2** Den Pflanztopf mittels Draht mit Moos ummanteln. **3** Die fertige Matte aus Zweigen darumlegen und fixieren. Abschließend den Geschenkanhänger anbringen.

Betula pendula · Narcissus 'Dutch Master'

Birkenholzscheibe · Schnur · Tackernadeln

Zeit 15 min · **Höhe** 48 cm · **Durchmesser** 18 cm

⟫ **1** *Betula*-Rinde am Rand der Birkenholzscheibe festtackern. **2** Für mehr Halt die Rinde punktuell zusammentackern und teils einklemmen. Mit Schnur umwickeln. **3** Den Pflanztopf mittig einsetzen und Zweige ergänzen.

Betula pendula · Narcissus 'Bittern' · Narcissus 'Bridal Crown' ·
Narcissus 'Tête Bouclé'

Topf · Steckdraht (BUCO)

Zeit 25 min · **Höhe** 53 cm · **Durchmesser** 22 cm

Ein Kranz aus auf Steckdraht gefädelten Rindenstücken
ist schnell gemacht. Um den Topfrand gelegt, fungiert
er als natürliche Manschette.

Narcissus 'Bittern' · Narcissus 'Tête Bouclé' ·
Vaccinium myrtillus · Moos · Zwiebeln

Blechdose · Untersetzer · Schnur

Zeit 10 min · **Höhe** 47 cm · **Durchmesser** 13 cm

Narcissus 'Bittern' · *Narcissus* 'Dutch Master' · *Prunus avium* · Moos · Zwiebeln

Zierdraht, Silberdraht (beides BUCO) · Tonuntersetzer · Glasgefäß

Maschendraht für Floristen (OASIS® Floral Products)

Zeit 15 min · **Höhe** 58 cm · **Durchmesser** 20 cm

»» ① Maschendraht um das Glasgefäß legen und fixieren. ② Den Gefäßboden ebenfalls mit Maschendraht umlegen und mittels Draht fixieren. Das Glasgefäß wieder entfernen und etwas Moos in das entstandene Drahtgerüst einfüllen. ③ Den Kulturtopf von *Narcissus* mittels Zierdraht mit Moos ummanteln und in das Maschendrahtgerüst einsetzen.

BUNT AUF WEISS

Stimmungsvoll Kontraste setzen

Vor allem in einem hellen und minimalistischen Ambiente bringen die leuchtenden, frühlingshaften Floralien, die in unterschiedlichen Unterlagen von Smithers-Oasis arrangiert sind, Frische und Lebendigkeit auf den Tisch, während der restliche Look schlicht und zeitlos bleibt.

Clematis Cultivar · *Cornus alba* 'Sibirica' · *Olea europaea* · *Ranunculus asiaticus* · *Tulipa* Cultivar · *Zantedeschia* Cultivar · Zweige

Gefäße (OOhh Lübech Living)

OASIS®IDEAL Maxlife Ziegel

Zeit 12 min · **Höhe** 30 cm · **Breite** 18 cm

Dekorationselemente im Bild: Geschirr (ASA Selection)

Alstroemeria Cultivar · Anemone coronaria ·
Clematis Cultivar · Helleborus orientalis ·
Nerine bowdenii · Olea europaea ·
Ranunculus asiaticus · Tulipa Cultivar ·
Birkenrinde · Zweige

Schnur

OASIS® Table Design Viva, PROFIX
Heißklebesticks (OASIS® Floral Products)

Zeit 15 min · **Höhe** 32 cm ·
Durchmesser 18 cm

Dekorationselemente im Bild: Geschirr
(ASA Selection)

»» ❶ Frischblumensteckschaum
wässern und mithilfe von Heiß-
kleber Birkenrinde am Rand der
Schale befestigen. Anschließend mit
Schnur umwickeln. ❷ Die Floralien im
Frischblumensteckschaum arrangieren.

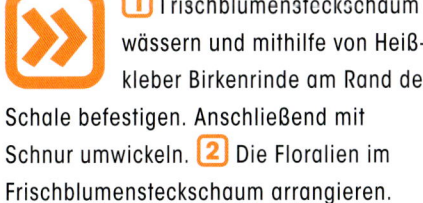

Asclepias tuberosa · Bouvardia Cultivar · Clematis Cultivar · Daucus carota 'Dara' · Helleborus orientalis · Ranunculus asiaticus · Zantedeschia Cultivar · Maulbeerbaumrinde

Band · Vlies · Zierdraht

OASIS® Table Design Neo, Maschendraht für Floristen, PROFIX Heißklebesticks (OASIS® Floral Products)

Zeit 20 min · **Höhe** 23 cm · **Breite** 43 cm

Dekorationselemente im Bild: Geschirr (ASA Selection)

» 1 Maschendraht in einen Streifen schneiden sowie mit Vlies umwickeln. Darauf Maulbeerbaumrinde mithilfe von Zierdraht befestigen. 2 Den umwickelten Streifen tropfenförmig um die gewässerte Frischblumensteckschaum-Schale herum zusammenfassen. 3 Dann wird er mit Heißkleber an der Schale fixiert.

Anemone coronaria · Clematis Cultivar · Daucus carota 'Dara' · Dianthus caryophyllus · Helleborus orientalis · Olea europaea · Ranunculus asiaticus · Tulipa Cultivar · Moos · Zweige

Furnierstreifen · Schnur

OASIS® Table Design Neo, OASIS® SEC Trockenblumensteckschaum Ziegel, PROFIX Heißklebesticks (OASIS® Floral Products)

Zeit 18 min · **Höhe** 28 cm · **Breite** 28 cm

Dekorationselemente im Bild: Geschirr (ASA Selection)

[1] Den Trockenblumensteckschaum-Ziegel oval zuschneiden. **[2]** Mit Heißkleber den Rand des Steckschaums mit Furnierstreifen bekleben und anschließend mit Schnur umwickeln. **[3]** Die gewässerte Frischblumensteckschaum-Schale in die Grundform einsetzen und mit Floralien bestücken.

Clematis Cultivar · *Helleborus orientalis* · *Olea europaea* · *Ranunculus asiaticus* · *Tulipa* Cultivar · Zweige

Wollfilz (STYLIT von Lehner Wolle) · Schnur · Pflanztopf · Kunststoffschale

OASIS® Junior Complet, PROFIX Heißklebesticks (OASIS® Floral Products)

Zeit 12 min · **Höhe** 34 cm · **Durchmesser** 15 cm

Dekorationselemente im Bild: Geschirr (ASA Selection)

≫ **1** Den Boden aus dem Pflanztopf ausschneiden. **2** Danach diesen mit Wollfilz umwickeln und festkleben. Den Frischblumensteckschaum aus der Kunststoffschale entfernen und wässern. Anschließend den Filzkragen mit Schnur umwickeln und auf die Kunststoffschale stellen. **3** Den gewässerten Frischblumensteckschaum wieder in der Schale platzieren, sodass die Floralien eingesteckt werden können.

Anemone coronaria · Asclepias tuberosa · Clematis
Cultivar · Daucus carota 'Dara' · Helleborus orientalis ·
Ranunculus asiaticus · Tulipa Cultivar · Zweige

Peddigrohr

OASIS® Venezia Schale, OASIS® Double-Fix Clear,
OASIS® Flower Tape, Rohdraht (OASIS® Floral Products)
Zeit 15 min · **Höhe** 22 cm · **Durchmesser** 27 cm

Dekorationselemente im Bild: Geschirr (ASA Selection)

Olea europaea · Tulipa Cultivar
Papiertüte
OASIS® Table Design Neo
Zeit 12 min · **Höhe** 30 cm · **Durchmesser** 35 cm
Dekorationselemente im Bild: Geschirr (ASA Selection)

Anemone coronaria · Asclepias tuberosa · Clematis Cultivar · Daucus carota 'Dara' · Helleborus orientalis · Olea europaea · Ranunculus asiaticus · Tulipa Cultivar · Zweige

Filz · Tacker · Tackernadeln

OASIS® Table Design Viva

Zeit 15 min · **Höhe** 37 cm · **Durchmesser** 22 cm

Dekorationselemente im Bild: Geschirr (ASA Selection)

 1 Filzstücke quadratisch zur Tasche falten. 2 Die Ecken mithilfe eines Tackers fixieren. 3 Die Frischblumensteck-schaum-Schale wässern und mittig in der Filztasche platzieren, sodass die Floralien eingesteckt werden können.

» Zu den Produkten von Smithers-Oasis siehe Seite 70–71.

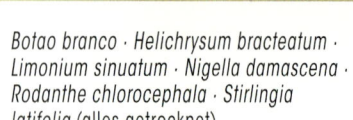

Botao branco · *Helichrysum bracteatum* ·
Limonium sinuatum · *Nigella damascena* ·
Rodanthe chlorocephala · *Stirlingia*
latifolia (alles getrocknet)

Kranz (BLOOM's Shop) · Band · Kordel ·
Wellendrahtring, Zierdraht (beides BUCO)

Zeit 20 min · **Höhe** 15 cm ·
Durchmesser 43 cm

RAFFINIERTE KRÄNZE
für Wand und Tür

Egal ob als Willkommensgruß an der Tür oder als moderner Wandschmuck – hängende Kränze sind ein
absoluter Dauerbrenner im Blumenfachgeschäft. Unsere Exemplare mit getrockneten Blüten in zarten
Rosétönen sind eine langanhaltende Dekoration, die die Nachfrage erfüllt.

Helichrysum bracteatum · Hydrangea paniculata · Lunaria annua · Nigella damascena · Rodanthe chlorocephala (alles getrocknet)

Schnur · Haften · Strohrömer

Heißkleber (OASIS® Floral Products)

Zeit 25 min · **Höhe** 14 cm · **Durchmesser** 44 cm

» 1 + 2 Zweige um den Strohrömer legen und mit Haften befestigen, sodass die Basis verdeckt wird. Dabei im unteren Bereich eine Aussparung lassen. Hier werden *Hydrangea*-Blüten mit Haften fixiert. 3 Abschließend im unteren Bereich Trockenblumenblüten mittels Heißkleber anbringen.

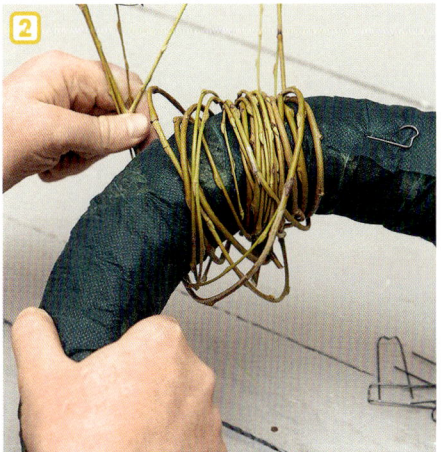

Eryngium Cultivar · *Eucalyptus polyanthemos* · *Gomphrena globosa* · *Helichrysum bracteatum* · *Lunaria annua* · *Rodanthe chlorocephala* · *Stirlingia latifolia* (alles getrocknet) · Zweige

Twister, Twistdraht, Gestaltungsring (alles BUCO)

Heißkleber (OASIS® Floral Products)

Zeit 40 min · **Höhe** 15 cm · **Durchmesser** 50 cm

⟫ **1** Zweige mithilfe des Twisters und Twistdraht auf einem Gestaltungsring befestigen, sodass ein Kranz entsteht. **2** Die Zweige zusätzlich mit Dekodraht zusammenbinden. Dann die Trockenblumen einflechten und einkleben.

Allium aflatunense · Ammobium alatum · Botao branco · Helichrysum bracteatum · Hydrangea macrophylla · Rodanthe chlorocephala · Trifolium Cultivar (alles getrocknet)

Kranz (BLOOM`s Shop) · Strohrömer · Haften · Angelschnur

Heißkleber (OASIS® Floral Products)

Zeit 30 min · **Höhe** 10 cm · **Durchmesser** 47 cm

Lagurus ovatus · Lunaria annua · Nigella damascena · Rodanthe chlorocephala · Thymus pulegioides (alles getrocknet)

Wellendrahtring, Zierdraht (beides BUCO)

Heißkleber (OASIS® Floral Products)

Zeit 20 min · **Höhe** 14 cm · **Durchmesser** 60 cm

Floralien in sanften Nuancen wie Natur- und Pastellfarben sowie mit zarter Struktur, wie etwa *Lunaria*, die luftig-locker in den Kranz eingearbeitet werden, verleihen diesem Exemplar eine gewisse Leichtigkeit.

Helichrysum bracteatum · Lunaria annua (alles getrocknet)

Kranz (BLOOM`s Shop) · Kordel · Band · Wellendrahtringe,
Zierdraht (beides BUCO)

Heißkleber (OASIS® Floral Products)

Zeit 20 min · **Höhe** 14 cm · **Durchmesser** 50 cm

1 Den ersten Wellendrahtring mittels Heißkleber mit Kordel umwickeln. **2** Den zweiten mit *Helichrysum* bekleben. **3** Der dritte Wellendrahtring wird zunächst mit Band umwickelt. Danach *Lunaria* mithilfe von Draht darauf befestigen. **4** Alle Ringe zusammennehmen, auf der Fertigkranz-Basis befestigen und mit Kordel aufhängen.

IKEBANA-INSPIRIERT:
Blumengestecke für Geschäftsräume

Blumengestecke im formal-linearen Stil sind eine moderne Wahl für Business-KundInnen, die Wert auf Eleganz und Klarheit legen. Diese Arrangements zeichnen sich durch klare Linien und geometrische Formen aus und verwenden hochwertige Blüten sowie passendes Beiwerk, um eine ruhige Atmosphäre zu schaffen. Durch den Einsatz von schwarzen Steckschaumbasen von Smithers-Oasis, die sichtbar als Gestaltungsmittel bleiben können, sind die Gestecke auch materialsparend.

Celosia argentea · Chrysanthemum x grandiflorum · Clematis vitalba · Monstera deliciosa · Nerine bowdenii · Typha latifolia · Zantedeschia Cultivar · Lilly Gras

Teller

OASIS® BLACK IDEAL Kugel, Pini Super Extra KL Pinholder (OASIS® Floral Products)

Zeit 25 min · **Höhe** 75 cm · **Breite** 80 cm

Monstera deliciosa · Nerine bowdenii · Typha latifolia · Zantedeschia Cultivar

Schale (ASA Selection) · Stecknadeln

OASIS® BLACK IDEAL Zylinderstange, FloraLife® LEAFSHINE Blattglanz ohne Silikone, Pini KL Pinholder (OASIS® Floral Products)

Zeit 15 min · **Höhe** 42 cm · **Breite** 22 cm

Dekorationselemente im Bild: Beistelltisch hinten (Freifrau) · Beistelltisch vorne (Solpuri)

»

1 Zylinderstange schräg teilen und anschließend wässern.
2 Die Pinholder jeweils in eine Schale kleben und die Zylinderstangen darauf fixieren. *Typha latifolia* mithilfe von Stecknadeln außen an der Steckmasse anbringen und die übrigen Floralien so im Frischblumensteckschaum fixieren, dass sie die Neigung der *Typha latifolia* unterstützen. 3 Das Blatt der *Monstera deliciosa* erhält mit dem Blattglanzspray Pflege und Glanz.

Asparagus falcatus · Chrysanthemum x grandiflorum · Nelumbo nucifera · Strelitzia reginae · Symphoricarpos albus · Vanda Cultivar

Tablett (DutZ Collection)

OASIS® BLACK IDEAL Design Platte, Pini KL Pinholder (OASIS® Floral Products)

Zeit 20 min · **Höhe** 90 cm · **Breite** 110 cm

» **1** Design-Platte in drei unterschiedlich große Stücke schneiden. **2** Plattenstücke an einer Seite abflachen lassen, sodass aus den drei Teilstücken eine Einheit entsteht. **3** Frischblumensteckschaum wässern und mithilfe von Pinholdern auf einem Tablett befestigen. Danach können die Floralien schräg sowie sich überkreuzend eingesteckt werden.

Anthurium Cultivar · Buddleja daviolii · Celosia argentea · Clematis 'Amazing Kibo' · Eucalyptus melliodora · Gerbera Cultivar · Leucadendron argenteum · Nelumbo nucifera · Philodendron bipinnatifidum 'Xanadu' · Strelitzia reginae

Schale

OASIS® BLACK IDEAL Ziegel

Zeit 25 min · **Höhe** 100 cm · **Breite** 75 cm

Dekorationselemente im Bild: Tisch, Sofa (beides Freifrau)

Asparagus falcatus · Equisetum hyemale · Lilium Cultivar · Ornithogalum saundersiae

Holzteller (WMG) · Schale (ASA Selection)

OASIS® BLACK IDEAL Zylinder Stange, Anchor Tape (OASIS® Floral Products)

Zeit 15 min · **Höhe** 90 cm · **Durchmesser** 48 cm

Dekorationselement im Bild: braune Vase (ASA Selection)

Allium neapolitanum · Eucalyptus melliodora · Philodendron 'Imperial Green' · Ranunculus asiaticus · Typha latifolia · Lilly Gras

Teller (D&M) · Steine · Stecknadeln

OASIS® BLACK IDEAL Kubus, FloraLife® Finishing Touch, Pini KL Pinholder, Oasis FIX, Anchor Tape (OASIS® Floral Products)

Zeit 35 min · **Höhe** 46 cm · **Breite** 49 cm

Dekorationselement im Bild: Sofa (Freifrau)

» 1 Die Frischblumensteckschaum-Würfel wässern und teilweise mithilfe von Stecknadeln mit *Eucalyptus melliodora* bestecken. 2 Einen weiteren Würfel mit *Typha latifolia* umweben. 3 Mithilfe von Pinholdern die Frischblumensteckschaum-Würfel auf einem Teller fixieren und die Lücken mit Steinen auffüllen. Danach die noch freien Würfel mit Floralien bestecken. 4 Zur besseren Haltbarkeit das Werkstück mit FloraLife® Finishing Touch einsprühen.

» Zu den Produkten von Smithers-Oasis siehe Seite 70–71.

Frisch aus dem GARTEN

Der Frühling trumpft mit bunt blühenden Pflanzen auf, die in der Vase blumigen Charme versprühen und – locker-leicht gebunden – wie frisch aus dem Garten gepflückt wirken.

Allium schubertii · Fritillaria meleagris · Fritillaria michailovskyi · Helleborus niger · Luzula sylvatica · Narcissus Cultivar · Ranunculus asiaticus · Spirea japonica · Viburnum opulus

Emaille-Topf

Bindebast (OASIS® Floral Products)

Zeit 15 min · **Höhe** 40 cm · **Durchmesser** 30 cm

Fritillaria meleagris · Leucojum aestivum · Ranunculus asiaticus ·
Syringa vulgaris · Tulipa Cultivar · Viburnum opulus · Zweige

Schale (D&M)

Bindebast (OASIS® Floral Products)

Zeit 15 min · **Höhe** 42 cm · **Breite** 58 cm

Betula pendula · Campanula medium · Clematis Cultivar · Fritillaria imperialis · Fritillaria persica · Ranunculus asiaticus 'Butterfly' · Symphoricarpos albus · Viburnum lantana

Krug

Bindebast (OASIS® Floral Products)

Zeit 20 min · **Höhe** 80 cm · **Durchmesser** 65 cm

Dekorationselement im Bild: Tisch (Krenz)

*Allium aflatunense · Ranunculus asiaticus
'Butterfly' · Salix caprea · Syringa meyeri ·
Tulipa* Cultivar

Blechdose

Bindebast (OASIS® Floral Products)

Zeit 20 min · **Höhe** 77 cm · **Breite** 76 cm

Dekorationselement im Bild: Hocker (Freese)

Helleborus orientalis · Myosotis arvensis · Polygonatum odoratum ·
Ranunculus asiaticus · Ranunculus asiaticus 'Butterfly' · Syringa meyeri ·
Tulipa Cultivar

Vase · Topf · Drahtkorb

Bindebast (OASIS® Floral Products)

Zeit 20 min · **Höhe** 47 cm · **Breite** 60 cm

Allium christophii · Fritillaria imperialis · Luzula sylvatica · Ranunculus asiaticus · Spirea japonica · Viburnum opulus

Krug

Bindebast (OASIS® Floral Products)

Zeit 15 min · **Höhe** 100 cm · **Breite** 65 cm

Der weiße *Spirea* ist ein ideales Beiwerk für jeden Blumenstrauß. Seine leuchtend weißen Blüten zeugen von Eleganz und betonen die andersfarbigen Blüher.

Allium christophii · Clematis Cultivar · Fritillaria meleagris · Fritillaria raddeana · Helleborus orientalis · Malus domestica · Ranunculus asiaticus · Symphoricarpos albus · Syringa meyeri · Syringa vulgaris

Milchkanne

Bindebast (OASIS® Floral Products)

Zeit 15 min · **Höhe** 52 cm · **Breite** 50 cm

Betula pendula · Helleborus orientalis · Luzula sylvatica · Myosotis arvensis ·
Narcissus 'Bridal Crown' · Ranunculus asiaticus · Viburnum lantana · Zwiebeln

Einmachglas · Drahtkorb

Bindebast (OASIS® Floral Products)

Zeit 15 min · **Höhe** 40 cm · **Durchmesser** 38 cm

Dekorationselement im Bild: Hocker (Krenz)

» Inspiration & Information

Unsere Fachmagazine im Abo

Jede PRAXIS-Ausgabe bietet:

- » **72 Seiten** (DIN A4) mit ca. **60 Floristikideen** für 2 Monate
- » in den Kategorien: **Saisonfloristik, Geschenke-floristik, Floristik in Serie, Tischschmuck, Dauerhafte Floristik, Hochzeitsfloristik, Trauerfloristik, Businessfloristik, Sträuße** oder **Pflanzungen**
- » **topverkäufliche Floristik** auf Basis von optimiertem Material- und Zeiteinsatz
- » **Techniktipps, Präsentationsvorschläge** und **Produktinformationen**

Das PRAXIS-Magazin im Abo:

- » **Preisvorteil:** Abo-Preis inklusive Versand
- » **Geld-zurück-Garantie:** bei Kündigung (nach ½ Jahr Bezugszeit, 14 Tage vor Erscheinen der Folgeausgabe)
- » **Aboprämie:** ein Gratis-Fachbuchtitel zur Wahl
- » **Mehr Infos unter:** **blooms.de/praxis-magazin**

6 x jährlich

für floralen Lifestyle

– bequem & einfach

Jede saisonale **VIEW**-Ausgabe bietet:

» **umfangreiche Trendinspirationen:** Ausgabe 1 (Januar) mit den Ganzjahrestrends, Ausgabe 2 (August) mit den Weihnachtstrends

» dazu **begeisternde Floristikinterpretationen** internationaler FloristInnen

» **internationale Ausrichtung in drei Sprachen:** Deutsch, Englisch, Italienisch

» für den ästhetischen Design-Genuss

» optional dazu die beiden Themenausgaben **WEDDING** und **TRAUER** (nur in deutscher Sprache)

Das **VIEW**-Magazin im Abo:

» **in 3 Abo-Formen:**
CLASSIC: 2 x saisonale Ausgaben
MAXI: 2 x saisonale Ausgaben
+ Themenausgabe Ihrer Wahl
TOP: 2 x saisonale Ausgaben
+ Themenausgabe WEDDING
+ Themenausgabe TRAUER

» **Preisvorteil:** Abo-Preis inklusive Versand

» **Aboprämie:** ein Gratis-Fachbuchtitel zur Wahl

» **Mehr Infos unter:**
blooms.de/view

Volle Möhre
OSTERN

„Volle Möhre Ostern" lautet die Werbebotschaft mit den attraktiven Werbemitteln für den POS von Landgard. Passend zum lustigen Motto erstellen wir dazu kreative Decken-Eyecatcher.

1 Die Schaf-Familie in frühlingshaften Kleidern und Latzhosen von Landgard sorgt bei jeder Osterpräsentation im Blumen- und Pflanzenfachgeschäft für österliche Stimmung. **2** Die attraktiven Werbemittel von Landgard bieten Platz genug für allerhand Informationen und können in Pflanztöpfe aller Art gesteckt werden.

>> Und so werden die überdimensionierten Möhren gemacht: **1** Zuerst die Pappe zu einer Art Schultüte formen und deren Rand mehrmals einschneiden sowie nach innen biegen. **2** Das Ganze mit Tackernadeln fixieren. **3** Jetzt das Kreppapier mit doppelseitigem Klebeband an der Tüte befestigen. **4** In die entstandene Möhrenform kann nun die Pflanze samt Folienbeutel eingestellt werden.

Campanula portenschlagiana (Landgard) · trockenes Gras

Korb, Etikett (beides Landgard) · gebleichte Kokosfaser · Rebdraht ·
Splittstab · Steckdraht · Zierdraht · Pflanzerde

Zeit 10 min · **Höhe** 22 cm · **Breite** 23 cm

Dekorationselemente im Bild: Teller (ASA Selection)

Campanula
portenschlagiana, Carex
brunnea (beides Landgard)
· Baumstammscheibe

Etikett (Landgard) · Schnur ·
Wollschnur · Tontöpfe ·
Akkuschrauber ·
doppelseitiges Klebeband ·
Folienbeutel · Farbe

Zeit 15 min · **Höhe** 55 cm ·
Durchmesser 20 cm

Dekorationselemente im
Bild: Teller (ASA Selection)

1 Zunächst drei unterschiedlich große Tontöpfe ineinanderstellen und mithilfe eines Akkuschraubers oben und unten auf einer Baumstammscheibe festschrauben. **2** Danach die Wolle mit doppelseitigem Klebeband um die Tontöpfe herum befestigen. **3** Jetzt die Pflanze samt Folienbeutel in den obersten Topf einstellen, Gräser im Zwischenraum platzieren und das Etikett anbringen.

Zantedeschia aethiopica (Landgard) · trockenes Gras
Eier, Etikett (beides Landgard) · Wollfilz · Schnur · Rebdraht ·
Folienbeutel · Steckdraht · Gummiband · Heißkleber · Efeunadeln
Zeit 15 min · **Höhe** 50 cm · **Breite** 25 cm

» **1** Die *Zantedeschia aethiopica* in einen Folienbeutel packen und mit gerafftem Filz ummanteln. Das Gummiband dient dabei als Fixierungshilfe. **2** Nun weitere schmale Filzstreifen raffen und mithilfe von Efeunadeln im Topf befestigen. **3** Aus Steckdraht eine Möhren-Silhouette biegen, mit Rebdraht umwickeln und einstecken. Danach können die Dekoeier auf die Filzstreifen geklebt und die Etiketten angebracht werden.

Zantedeschia aethiopica (Landgard) · trockenes Gras

Ei, Gefäß, Etikett (alles Landgard) · Wollschnur · Schnur · Wäscheklammer · Rebdraht · Heißkleber · Strohrömer · Wandfarbe

Zeit 15 min · **Höhe** 50 cm · **Durchmesser** 25 cm

Dekorationselemente im Bild: Geschirr (ASA Selection)

Anthurium andreanum 'Pistache', Cornus alba,
Eustoma grandiflorum 'Lisanne Lavendel',
Hyacinthus orientalis, Olea europae,
Phlebodium aureum (alles Landgard) ·
trockenes Gras

Vasen, Etikett (beides Landgard) · Schnur ·
Wollfilz · Zierdraht

Zeit 12 min · **Höhe** 70 cm · **Breite** 27 cm

1 Zuerst *Cornus alba* zu Ringen winden. **2** Dann zwei Ringe ineinander stecken, sodass eine Kugel entsteht. Weitere Zweige miteinflechten, auf die Vase auflegen und mit eingesteckten Zweigen fixieren. Jetzt können die Schnittblumen in das entstandene Gerüst eingearbeitet werden. **3** Für den Anhänger eine Möhre aus Wolle ausschneiden und im oberen Bereich trockene Gräser als Möhrengrün festwickeln. **4** Den Möhrenanhänger sowie das Etikett anbringen.

Phalaenopsis Cultivar, Moos
(beides Landgard) · trockenes Gras

Gefäß, Ei, Etikett (alles Landgard) ·
Wollschnur · Bast · Splittstab ·
Steckdraht · Heißkleber

Zeit 10 min · **Höhe** 40 cm ·
Durchmesser 22 cm

Dekorationselemente im Bild:
Teller (ASA Selection)

1 Als erstes den Flachdraht mit Wolle umwickeln. **2** Zwischen den beiden Enden einen Splittstab mithilfe von Heißkleber befestigen. Er dient später als Steckhilfe. **3** Ein Bündel aus Bast stellt das Möhrengrün dar und wird im oberen Bereich angeknotet. Nun kann der Möhrenstecker in die Pflanzerde gesteckt werden, die von Moos und trockenem Gras umgeben ist. Zuletzt das Etikett befestigen.

» Zu den Produkten von Landgard siehe Seite 68–69.

Bieten Sie Ihren Kunden ein
SOMMERPARADIES
mit Geranien

Steigern Sie mit den Geranien-Werbemitteln der neuen „Pelargonium for Europe"-Kampagne die Vorfreude Ihrer Kunden auf die warme Jahreszeit.

Denn das stimmungsvolle PoS-Material weckt mit seinen sommerlichen, farbenfrohen Motiven das Gefühl von purer Lebensfreude. Endlich rausgehen, die ersten warmen Sonnenstrahlen genießen und Zeit mit seinen Lieben zu verbringen. Das sind die Dinge, die den Sommer ausmachen. Die kräftigen Farben der Geranien unterstreichen das Gefühl der Fröhlichkeit. Ihre Beständigkeit gegen Regen und Hitze sorgt dafür, dass sie von Frühling bis Herbst auf dem Balkon oder im Garten für Freude sorgen. Wecken Sie mithilfe der diesjährigen Werbemittel die Sommerfreude Ihrer Kunden und steigern Sie Ihren Geranien-Absatz.

Endlich Sommer!

Bunte Vielfalt mit Geranien

GRATIS-WERBEMITTEL *solange der Vorrat reicht!*

meine-geranien.de

Im Online-Shop www.pelargonium-marketing.eu bestellen

DEKO-BANNER
„Sommer-freuden"

Format:
0,8 x 1,8 m

Motiv „Sommerglück"   Motiv „Sommerblüten"   Motiv „Sommergarten"

POSTERSERIE „*Sommermomente*"

Alle Poster sind einzeln oder als Serie bestellbar.

Format: DIN A1, 3 Motive

GRATIS
für noch mehr
Werbe-Power

PAKET
„Sommerzauber"

1 Dekobanner „Sommerfreuden"
1 Posterserie „Sommermomente", 3 Stück
100 Pflegesticker mit Pflegehinweisen

PFLEGESTECKER

Das praktische Give-away für Ihre Kunden: der Pflegestecker für den Kulturtopf.

Format: ca. 6 x 13 cm, konturgestanzt

GERANIEN LADEN SCHON VON WEITEM
zum Sommergenuss ein!

Unsere großformatigen Werbemittel laden dazu ein, das entspannte Sommer-feeling mit Geranien zu entdecken. Ob draußen, an stark frequentierten Orten, vor Ihrem Geschäft oder in der Ausstellung – sie versprühen pure Sommer-freude und ziehen alle Blicke auf sich.

Motiv „Sommeroase"

Motiv „Sommerspaß"

GROSSFLÄCHE
Format: 3,56 x 2,52 m, in 4er Teilung

HISSFLAGGE
„Sommergefühle"

Aus robustem Poly-Material mit Kunststoffkarabinern.

Format: 1,5 x 4 m – optional mit Auslegersaum

GROSSBANNER
Drei Motive in drei Materialvarianten.
XXL-Format (3,5 x 2,5 m),
XL-Format (2,8 x 2 m),
L-Format (2,25 x 1,6 m)
Wahlweise aus Stoff oder Mesh/PVC
Firmeneindruck, farbig, unten links: einmalig 80 €*

Hier könnte Ihr Firmeneindruck stehen.

Motiv „Sommergenuss"

FÜR DIE KALENDERWOCHEN 14 BIS 16

VOLLE MÖHRE OSTERN

PFLANZEN
+ *Campanula*
+ *Sagina*
+ *Zantedeschia*

BLUMEN
+ *Hyacinthus*
+ *Anthurie* 'Pistache'
+ *Eustoma* 'Lisanne Lavendel'

Pünktlich zum Osterfest bringen wir mit „Volle Möhre Ostern" in den KW 14 bis 16 frischen Wind in die Wohnung, den Garten oder auf den Balkon. Callas, Glockenblumen, Ranunkeln und Sternmoos in Weiß, zartem Rosa prod pastelligen Blau-, Gelb- und Grüntönen und ein flauschiger Hase als Sympathieträger holen gemeinsam den Frühling ins Haus und wecken Vorfreude auf die erste Zeit im Freien. Dank des Zeichenstils ist die neue Osterkampagne ein Aufmerksamkeitsmagnet für die ganze Familie und sorgt für gemütliche Wohlfühlatmosphäre zum Osterfest.

Zur floristischen Verwendung der Produkte siehe Seite 58–65.

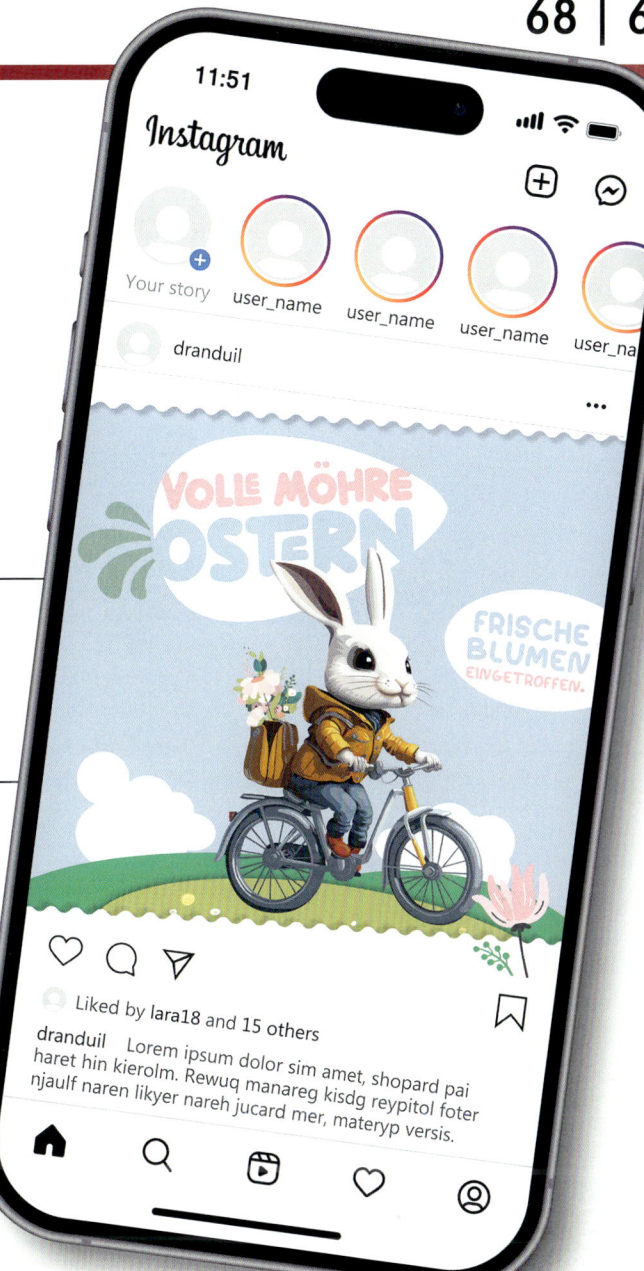

BEITRÄGE FÜR DEN FEED

Mit unseren Feedposts, die auf die Fachhandelskampagnen abgestimmt sind, professionalisieren Sie Ihren Social Media-Auftritt.

HASHTAG-UND TEXT-VORLAGEN

Unsere Textvorlagen sind entwickelt, um saisonale Blumen und Pflanzen mit klaren, ansprechenden Botschaften zu präsentieren.

ANIMIERTE GIFS FÜR STORYS

Die maßgeschneiderten Animationen erregen Aufmerksamkeit und verleihen Ihren grünen Angeboten eine Extra-Portion Dynamik.

BEITRÄGE FÜR STORYS UND / ODER STATUS

Egal, ob Sie Ihre Insta-Storys oder den WhatsApp-Status aktualisieren möchten – unsere Vorlagen können Sie unkompliziert integrieren.

AM PULS DER ZEIT

PASSGENAUER CONTENT FÜR SOCIAL MEDIA

Passend zu „Volle Möhre Ostern" und allen unseren Fachhandelskampagnen haben wir für Sie ansprechende und professionelle digitale Werbemittel gestaltet, die die Aufmerksamkeit Ihrer Zielgruppe auf sich ziehen. Von aussagekräftigen Bildern bis hin zu lustigen GIF-Dateien – wir setzen für Sie grüne Produkte auch online ins Rampenlicht.

QR-CODE SCANNEN, DIREKT ZUM DOWNLOAD GELANGEN UND SOFORT STARTEN.

POSTER, PREISVORDRUCKE UND VIELES MEHR

Unter landgard.de/kampagnen finden Sie **Poster und Preisvordrucke zum Selbstausdruck.** Kostenlose Poster im DIN A2-Format und Etiketten erhalten Sie in unseren Cash & Carry-Märkten und bei Bloomways. Weitere Werbemittel gestalten wir gerne nach Ihren Wünschen und liefern Sie zum Selbstkostenpreis – mailen Sie dazu an: werbung@landgard.de.

Floristikbedarf von Smithers-Oasis

OASIS® NatureSource™ Maxlife Blumensteckschaum Ziegel

Frischblumensteckschaum braun, aus 20 % biobasierten Rohstoffen* hergestellt (* DIN EN ISO 14021 weist 20 % biobasierte Inhaltsstoffe nach, davon sind 13 % nachgewiesener biobasierter Kohlenstoff nach DIN EN 16785-1, Prüfstelle TÜV Rheinland), 23 x 11 x 7,5 cm
20 Stück, Art.-Nr. 10-01100

OASIS® SEC Ziegel

Trockenblumensteckschaum grau, farbstabil, leicht zu schneiden und zu bestecken, 23 x 11 x 8 cm, Art.-Nr. 20-02302

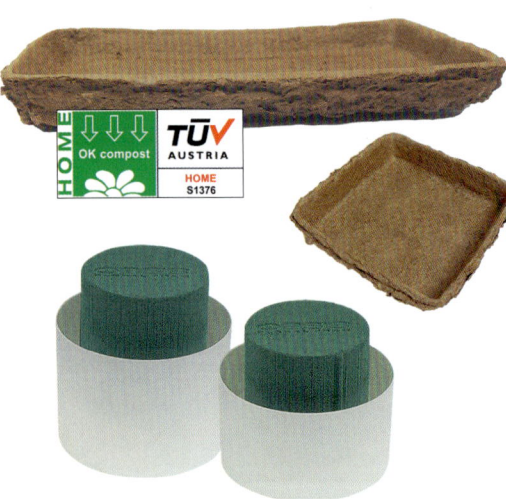

OASIS® Table Design Viva

weiß, gerader Rand der Schale leicht beklebbar, OASIS® Frischblumensteckschaum zum Wässern entnehmbar
H 6 cm, Ø 11 cm, Art.-Nr. 11-40540
H 7 cm, Ø 11 cm, Art.-Nr. 11-40550
H 9 cm, Ø 11 cm, Art.-Nr. 11-40560

OASIS® IDEAL Maxlife Blumensteckschaum Ziegel

Frischblumensteckschaum grün, universell nutzbar, für nahezu alle gängigen Blumen und Gestecke geeignet, 23 x 11 x 7,5 cm, 20 Stück Art.-Nr. 10-01010

OASIS® BLACK IDEAL Maxlife Ziegel

Frischblumensteckschaum schwarz, bietet Gestaltungsspielraum und reduziert Materialeinsatz, Design Element, 23 x 11 x 7,5 cm, 20 Stück, Art.-Nr. 10-01058; 35 Stück, Art.-Nr. 10-01066

OASIS® BIOLIT® Unterlagen

kompostierbare Recycling-Kartonunterlage aus 100 % recyceltem Altpapier
13 x 13 x 2 cm, Art.-Nr. 45-04002,
25 x 13 x 2 cm, Art.-Nr. 45-04004,
48 x 13 x 2 cm, Art.-Nr. 45-04005,

OASIS® Table Design Neo

weiß, gerader Rand der Schale leicht beklebbar, OASIS® Frischblumensteckschaum zum Wässern entnehmbar
6 x 6 x 5,5 cm, Art.-Nr. 11-40510
15 x 7 x 5,5 cm, Art.-Nr. 11-40520
22 x 7 x 5,5 cm, Art.-Nr. 11-40530

Pini Super Extra KL

grün, Befestigungsstift für Steckschaum, starke Haltkraft, mit Klebepad,
Ø 5 cm x 7,5 cm, grün,
Art.-Nr. 31-04199

Pini KL

Befestigungsstift mit Klebepad,
Ø 3 cm x 4 cm, grün, Art.-Nr. 31-04063

OASIS® BIOLIT® NatureSource™ Schale

Frischblumensteckschaum braun, aus 20 % biobasierten Rohstoffen* hergestellt (* DIN EN ISO 14021 weist 20 % biobasierte Inhaltsstoffe nach, davon sind 13 % nachgewiesener biobasierter Kohlenstoff nach DIN EN 16785-1, Prüfstelle TÜV Rheinland), mit kompostierbarer Recycling-Kartonunterlage

H 6 cm, Ø 14 cm, Art.-Nr. 11-07418
H 10 cm, Ø 18 cm, Art.-Nr. 11-07421

OASIS® NatureSource™ Crea Kreis

Frischblumensteckschaum braun, mit unbehandelter Holzunterlage, aus 20 % biobasierten Rohstoffen* hergestellt (* DIN EN ISO 14021 weist 20 % biobasierte Inhaltsstoffe nach, davon sind 13 % nachgewiesener biobasierter Kohlenstoff nach DIN EN 16785-1, Prüfstelle TÜV Rheinland)
H 4,5 cm, Ø 30 cm, Art.-Nr. 11-07417

» Zur floristischen Verwendung der Produkte siehe Seite 12–17, 28–35 und 42–47.

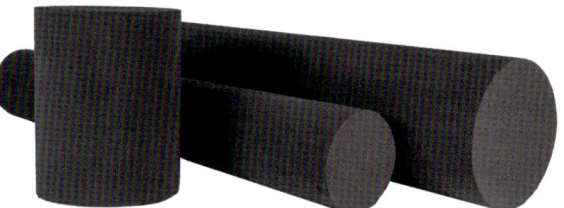

OASIS® BLACK IDEAL Zylinder

Frischblumensteckschaum schwarz, individuelle Zuschnitt-
länge für Designs mit reduziertem Material
H 55 cm, Ø 8 cm, Art.-Nr. 11-01108
H 55 cm, Ø 12 cm, Art.-Nr. 11-01109
H 15 cm, Ø 12 cm, Art.-Nr. 11-01111

OASIS® BLACK IDEAL Design Platte

Frischblumensteckschaum schwarz, bietet Gestaltungsspielraum und reduziert Materialeinsatz, Design Element
50 x 70 x 6 cm, Art.-Nr. 11-01106
50 x 50 x 6 cm, Art.-Nr. 11-01107

OASIS® BLACK IDEAL Kugel

Frischblumensteckschaum schwarz
Ø 16 cm, Art.-Nr. 11-11191
Ø 20 cm, Art.-Nr. 11-11192

OK compost S572 VINÇOTTE ✓

mit Papercompound

OASIS® BLACK IDEAL Design Ring

schwarz, mit schwarzer Papercompound-Unterlage,
H 4,5 cm, Ø 30 cm, Art.-Nr. 11-03301

OASIS® AQUA COLOUR Spray

30-06000 White	30-06010 Violet
30-06001 Cream	30-06011 Milka
30-06002 Traffic Yellow	30-06012 Ultramarine
30-06003 Orange	30-06013 Sky Blue
30-06004 Bright Red	30-06014 Ocean Blue
30-06005 Bordeaux	30-06015 Mint
30-06006 Rose	30-06016 Green
30-06007 Fuchsia	30-06017 Bright Green
30-06008 Cerise	30-06018 Grey
30-06009 Pink	30-06019 Black

OASIS® AQUA COLOUR Spray Metallic, 400 ml
30-06021 Silver
30-06022 Gold

OASIS® AQUA COLOUR Spray

400 ml/Dose, wasserbasierte Formulierung, für den
Innen- und Außenbereich geeignet, besonders lichtecht,
geruchsneutral, schnelltrocknend, blumenverträglich,
auch auf nassem Schaum anwendbar

FloraLife® Blattglanz ohne Silikone

750 ml,
Art.-Nr. 83-17021

FloraLife® Finishing Touch Spray

hält Blumen frisch und verbessert ihren
Feuchtigkeitshaushalt, verleiht dem
Blumenarrangement ein frisches Aussehen
und Brillanz,1 l Flasche, Art.-Nr. 83-10282

OASIS® Flower Tape

Wickelband, moosgrün, gewachstes Krepppapier,
wasserabweisend, dehnbar, farbecht
13 mm x 27 m, Art.-Nr. 31-06032;
26 mm x 27 m, Art.-Nr. 31-06062

OASIS® Fix

besonders starke Klebemasse, wasserfest,
12 mm x 5 m, grün, Art.-Nr. 31-06010

🌐 www.oasisfloral.de
🛒 online.oasisfloral.de
🄵 OASISFloralProductsGermany
🄾 oasisfloralproductsgermany
🄿 https://pin.it/1gWdMk9

SMITHERS-OASIS

**Do Good.
Every Day.**

Smithers-Oasis Germany GmbH
Heinrich-Büssing-Straße 5
67269 Grünstadt

Kostenfreie Hotline: 0800 8890988
(für Anrufe innerhalb Deutschlands)
Germanyinfo@smithersoasis.com

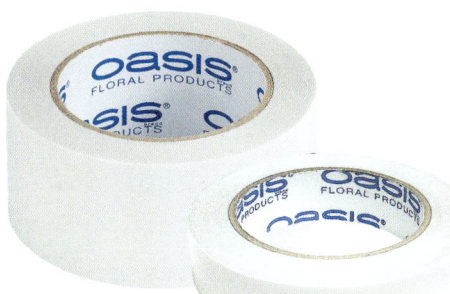

OASIS® Double-Fix Clear

doppelseitiges Klebeband, transparent
23 mm x 25 m, Art.-Nr. 31-06300
50 mm x 25 m, Art.-Nr. 31-06333

Anchor Tape

wasserfestes Klebeband, dunkelgrün
6 mm x 50 m, Art.-Nr. 31-06021
12 mm x 50 m, Art.-Nr. 31-60175

» Für die Aus- und Weiterbildung

BASICS FLORISTIKLERNGRUNDLAGEN

Karl-Michael Haake/Heike Damke-Holtz

Das ist Floristik!

Gestaltung und Technik in 850 Abbildungen

Jetzt mit Checklisten

Abgestimmt auf den Ausbildungs-rahmenplan

BLOOM's PROFESSIONAL

5. überarbeitete Auflage

Karl-Michael Haake,
Heike Damke-Holtz
(Überarb.),
Format DIN A4,
Text deutsch,
Hardcover
49,90 €*

Das Buch „Das ist Floristik!" zeigt alle Werkformen und die großen Arbeitsgebiete mit den Techniken zur handwerklichen Erstellung sowie den Lerninhalten für das Basiswissen. Zahlreiche Abbildungen berücksichtigen die neuesten Anforderungen an Gestaltung, Style und Konsumentenwünsche. Neu hinzu gekommen sind die Checklisten zu einzelnen Themen. Das Werk richtet sich an EinsteigerInnen bis zu Floristik-Profis und ist ideal für die Ausbildung oder zur beruflichen Auffrischung.

Das sind die Inhalte:

· Warenvorbereitung · Sträuße
· Gestecke · Pflanzungen
· Hochzeitsschmuck · Tischschmuck
· Raumschmuck · Trauerschmuck
· Weihnachtsschmuck
· Warenkenntnis
· Gestaltungswissen

ÜBER-ARBEITETE NEUAUFLAGE

Karl-Michael Haake, Heike Damke-Holtz (Überarb.)

Handbuch der Floristik

Gestaltung · Technik · Materialkunde
1.150 Fachbegriffe · über 540 Abbildungen

von **A–Z**

BLOOM's PROFESSIONAL

3. Auflage komplett überarbeitet

Das Standardwerk in der Floristik wurde komplett überarbeitet. Das „Handbuch der Floristik" ist ein unentbehrliches Nachschlagewerk für alle, die sich mit Floristik beschäftigen. Es dient dem schnellen Nachschlagen, unterstützt Auszubildende beim Lernen, Prüflinge beim Wiederholen, hilft QuereinsteigerInnen beim Reinkommen und Ausgebildeten bei der Wissensauffrischung.

Karl-Michael Haake,
Heike Damke-Holtz
384 Seiten, Format 13 x 20 cm,
Text deutsch, Hardcover
27,90 €*

(Preisangaben für Deutschland inkl. MwSt.,
Preise außerhalb Deutschlands auf Anfrage)